吉沢久子

100歳まで生きる手抜き論

ようやくわかった長寿のコツ

GS

幻冬舎新書

477

100歳まで生きる手抜き論／目次

構成　千葉はるか
ＤＴＰ　美創

第1章
100歳になったからこそわかること

100歳になっても一人暮らしは楽しい

私は、夫を亡くした66歳のときから30年以上、ずっと一人暮らしをしています。

「一人暮らしは、何かと不安ではありませんか？」

そう訊《たず》ねられることは、これまでに幾度となくありました。

確かに、一人暮らしの不安を数え上げればキリがありません。

「突然、倒れるようなことがあったら……」

「泥棒と鉢合わせしたら、どうしましょう」

でも、よく考えてみれば、こうした不安は誰かと一緒に暮らしたからといってすべて消えるものでもありません。家族がそばにいても、問題が起きるときは起きるもの。結局のところ、不安というのは生きている限りついて回るもので、たとえ何か悪いことが起きても、そのまま受け止める平らかな心持ちこそ大切なのではないかと思うのです。

そうはいっても、実際のところ、一人暮らしをしている間には少々不便なこともありました。

たとえば電話がかかってきたり、荷物が届いたりしたときは、自分で電話に出たり玄関まで荷物を受けとりに行ったりしなくてはなりません。

「今日はゆっくり休んでいたいな」

というとき、寝間着のまま布団に潜っていると、とっさの場合に困ることもあるわけです。

でも、これもあるとき、

「無理に対応しなくてもよいのではないか」

と気づいたことで、自分のペースに合わせられるようになりました。

2018年の1月21日で、私もとうとう100歳。起きるのがしんどいときは、電話に出ず、玄関の呼び鈴が鳴っても放っておいていいと考えるようになりました。

急ぎの連絡ならまた電話はかかってくるでしょうし、もし荷物の配達なら、あとでもう一度来てもらうようお願いすることもできるのですから。

以前は「こうしなければ」という自分の中の常識にしたがって暮らしてきましたが、歳を重ねてくるうちに考えが変わってきました。

「暮らし方は、おおらかにとらえればいい」

そう考えられるようになって、自由きままな一人暮らしが、今まで以上に穏やかにすごせるようになっていると感じます。

もちろん、電話に出られなかったとき、呼び鈴に対応できなかったときはちょっと申し訳ないような気持ちになることもありますが、老いた身ですから、少しばかり自分の事情を優先しても許していただけるのではないかと思っています。

それに何といっても、一人暮らしには、一人暮らしでしか味わえない自由があります。

私は、朝は8時半頃に起きますが、窓を開けて風を通しながら、気持ちよくてもう一度寝てしまうこともあります。そんなときは、

「なんて幸せなんだろう」

としみじみ思うのです。

起きたら、のんびりと庭の草花に水を遣《や》り、ゆっくりと台所に立ちます。

朝食のしたくをして、食べるのはだいたい9時半頃。昼ご飯は食べず、お腹が空いたら間食。お菓子など甘いものも、好きなように食べています。

こんなふうにマイペースですごせるのは、やはり一人暮らしをしているおかげ

と言っていいでしょう。

また、一人ですごす日々は、私にとってさまざまに思いを巡らせる貴重な時間になっています。ぼんやりと考えごとをするのは無駄なことではなく、その後の行動への気力や体力を蓄えるためにも大切なことなのです。

もし、ちょっと腹の立つようなことがあっても、一人でじっくり考える時間の余裕があれば、問題ありません。たいていの場合、気持ちをゆったりとさせて振り返れば、

「案外、たいしたことではなかった」

と気づくことができるものだからです。

「手抜き」掃除で気持ちよく暮らす

私が働き盛りで、仕事と家事を両立させていた頃は、できるだけ細切れの時間

を見つけては掃除や片づけをしていました。当時は、ちょっとした時間にうまく家事を組み込むことで、何とかして家をきれいに保っていたのです。

しかし歳を重ねた今は、掃除のやり方でも、上手に「手抜き」ができるようになりました。

コツは、少しずつ掃除をすることにあります。

歳を重ねて体力が弱ってくると、まとめて掃除をするのは体への負荷が大きくなります。

「時間はたっぷりあるのだから、あとでまとめて掃除をすればいい」という考え方は、実践してみると、あまりうまくいかないことが多いかもしれません。

ですから、私が実践しているのは、ちょっとした汚れやほこりは、気がついたときに、少しずつこまめに掃除しておくことです。

うっかり放置して溜《た》まってしまった汚れは、こびりつきがひどくなり、落とすのも一苦労。それなら、日々少しずつでも汚れが溜まる前にさっと拭いておくのが、「手を抜いて、ラクをしながらきれいな状態を保つ方法」だと思います。

こまめな掃除が特に有効なのは、台所や洗面所などの水周り。汚れが溜まりやすく落ちにくいうえ、水分が多いのでカビや細菌の温床になりやすい、少々やっかいな場所です。

しかし日々、軽く拭いておく習慣さえあれば、水周りの面倒な掃除がかなりラクになるはずです。

ちなみにステンレス製のシンクは、食器を洗った後、洗剤を含ませたスポンジで軽くこすり洗いをしておくといいでしょう。ほんの一瞬の作業で、シンクはいつもピカピカです。

さらに、たまに思い出したときでいいですから、寝る前に排水口の水切りかごへ漂白剤のスプレーを吹きかけておきましょう。

トイレ掃除も、考え方は同じです。小さな汚れに気がついたら、そのときにさっと拭きとってしまいます。

こうした掃除が面倒にならないよう、私はいつでも手の届くところに雑巾《ぞうきん》やアルコール除菌紙タオルなどを置いています。

このように、一つ一つはたいした手間ではない「ちょっとしたお掃除」を、日々の生活に組み入れることで、本格的な大掃除の際にはさほど手間をかけずに済むようになるのです。

いずれにしても、掃除は体調と相談しながら、気が向いたときに少しずつ。

お客様がいらっしゃるときも、慌てることはありません。必ずきれいにしておくのは、トイレだけ。お客様に気持ちよく使っていただけるようにしたいからです。

あとは体裁をとり繕《つくろ》おうとせず、暮らしぶりをありのままに見ていただければいいと思っています。

年末の大掃除も、歳を重ねるうちに、やり方が大きく変わりました。

今の私は、時間はたっぷりあっても、体力には限界があります。ですから、大事なのはとにかく無理をしないこと。

そこで、

「年末の大掃除だって、無理をして年内に終わらせなくてもいい」

と考えを変えたのです。

もちろん、年を越すにあたってきれいにしておきたいところは、いつも通りの「少しずつ」方式で掃除をしておきます。ですが、急ぐ必要がなく後回しでもいい場所は、新年を迎えてからゆっくり片づければいいことにしました。

実のところ、年末だからといって改めて大掃除をしなくても、そう困ることはありません。適度に「手抜き」をしても、いいのではないでしょうか。

ただ、あまり自分を怠けさせるのもよくありませんから、ゆっくりでも年末年始に家をさっぱりきれいにする習慣は続けていきたいと思っています。

無理に「断捨離」をしなくてもいい

家を片づけるとき、私は無理に「断捨離」をしようとは思いません。

近年のメディアでは、不要なものを手放して身軽な生活をすることが「断捨離」と呼ばれ、好意的にとらえられているようです。

確かに、必要最低限のものだけを身の回りに置くようにすれば、部屋はすっきりと片づくことでしょう。「断捨離」の考え方を否定するわけではありません。

でも、「断捨離」をしようとしても、いざとなると、

「捨てようか、どうしようか」

と悩んでしまうようなものが、生活の中にはたくさんあると思うのです。

夫と一緒に暮らしていた頃、私も不要なものを捨てようと試みたことがありました。

「何かを飲むのには、コップが一つあれば十分ね」

そんなふうに話し合ったものの、益子の茶碗を手にとると、

「やっぱりお番茶をいただくなら、この茶碗がおいしい」

ということになり、「断捨離」はうまくいきませんでした。

ものを処分するのは、案外、骨が折れることでもあります。

まず捨てるものととっておくものをわけ、捨てると決めたものは、まとめて出

さなくてはなりません。

気持ちのうえでも、負担になります。

「これはまだ十分に使えそう」

「とっておけば、何か役に立つこともあるかもしれない」

そんなふうに考え出すと、古着一つでも、簡単には捨てられません。

実際、着古した木綿の服は吸水性がよいので、とっておけば何かと使いでがあるものなのです。窓枠や汚れた靴などをちょっと拭きたいときなどは、使い捨ての雑巾にしています。

気持ちをラクに、抜けるところは手を抜いて暮らそうと考えるなら、無理に「断捨離」をしなくてもよいでしょう。

結局のところ、ものがあってもなくても、どちらでもよいのだと思います。

自分自身が気持ちよく、幸せに暮らせているかどうかということこそ、大切なのではないかと私は考えています。

食欲がある限り、楽しみは続く

もう一世紀近くも十分に生きてきたのですから、私には死を恐れる気持ちはありません。気持ちはすっきりとしていて、欲望と呼べるようなものは、ほとんどないのです。

そんな私にも残っているのが、食欲です。小さな頃から食いしん坊でしたから、命が続く限り、食べる楽しみは持ち続けていたいものだと思っています。

望むのは「食べたいと思うものを、おいしくいただきたい」というシンプルなことだけですから、私はちょっとしたことで、すぐ幸せを感じられます。

知人から旬の食材が送られてくれば、

「これをどう料理しようかしら」

「こんなふうにして食べたら、どんなにおいしいでしょう！」

と、すぐに頭の中がいっぱいになり、実際に口にすれば、あっという間に笑顔になれるのです。

買い出しでは多少割高でも少量のものを選ぶ

私は、自分が食べたいもののために、今も料理を続けています。

もちろん手を抜けるところはうまく抜き、ラクに楽しみながらやれることが大切です。たとえばお米や調味料など、重い食材は宅配サービスで買っています。

スーパーには置いていないようなものも、簡単にとり寄せられるのは便利です。

自分で買いに出かけるよりも少々高くつきますが、体の負担を軽くできるのですから、ここはお金のかけどころだと思っています。

スーパーで買い物をするときは、多少割高であっても、少量のものを選ぶようにしています。

キャベツをまるまる一つ、大根をまるまる一本というような買い方をすると荷物が重くなりますし、かぼちゃなどは固くて切るのが大変ですから、小さくカットしてあるもののほうが扱いやすいのです。

卵も、6つ入りの小さなパックならかさばりませんし、新鮮なうちに使い切ることができます。

歳を重ねたら、少しのお金を惜しまず、ラクにできることを優先してもいいのではないかと思っています。

料理でできなくなったこと、やめたこと

料理を続ける中で、できなくなったこと、やめたこともあります。

たとえば、かつお節を削るのは今の私の力では少々心もとないので、無理はしません。また、手の力が弱くなってきたので、固いものをそのまま切るのも難しくなりました。

それでも、ちょっとした工夫で対応できることもあります。

野菜は軽くゆでたり電子レンジで加熱したりしてから切れば、スッと包丁が入ってくれます。台ふきんは絞る力が弱くなったので、ガーゼのハンカチを活用。まな板は、軽くて洗いやすいプラスティック製のものを愛用しています。

揚げ物は、万が一、途中で地震が来たら、火の始末に手間どるかもしれませんから、自分ではやらないようにしています。

てんぷらや豚カツが食べたくなったら、外食してもいいのですから、揚げ物をやめたからといって、落ち込むほどのことではありません。揚げたてを食べさせてくれるおいしいお店に行くのもうれしいものです。

洋服は手入れがラクなものを選ぶ

私は昔からおしゃれにはあまり関心がありません。洋服は、小さなクローゼットに収まるくらいしか持っていませんし、アクセサリー類もほとんど使いません。

夫は生前、そんな私のことを冗談めかして、

「安上がりな人だね」

と言っていました。


そんな私が洋服選びで重視しているのは、手入れがしやすいことです。

シワになりやすい生地のものは、アイロンがけなど手間がかかりますから、選びません。

洗いやすいこと、着心地がよいことが大切で、あとはみすぼらしく見えなければ、安いものでまったく構わないと思っています。

洋服を買うときには、最近では通販をよく利用しています。家にいながらにして素材などもじっくり吟味できますし、シニア向けの服などもずいぶん充実していますから、これを利用しない手はありません。

いちばん大事なのは、いつも清潔にし、周囲の方に不快感を与えないことでしょう。

特によく汗をかく季節には、汗のにおいがしてしまわないよう、こまめに着替えることにしています。

こうした周りへの気配りを優先すると、やはり気兼ねなくどんどん洗濯できる素材であることが望ましいのです。

夏は、ちょっと近所に買い物に出かけたり一人で夕食をとったりするときも、洗い立ての服にさっと着替えることが少なくありません。

清潔な衣類を身につけるのは、いつだって気持ちがシャッキリして、心地よいものです。

結婚式などに招かれたときにも、私の服装はいたってシンプルです。ワンピースを着て、ちょっと生花をさすだけにしています。

華やかな場には少し地味に思われるかもしれませんが、それが私の流儀だと決めてしまえば、どうということもありません。

かつて姑《しゅうとめ》が冠婚葬祭用にと一揃い誂《あつら》えてくれた着物は、姑が亡くなった後、着物が好きで大事に着てくださる方にお譲りしました。そのほうが、着物も本望だろうと思います。

靴は3〜4足を使い回す

靴は、3〜4足しか持っていません。私の家の下駄箱は、おかげでいつもすっきりと片づいています。

買うときに重視するのは、まず履いたときにつま先がしっかり開くこと。これは以前、医師の鎌田實《かまたみのる》先生からいただいたアドバイスにしたがっています。

日常的に足を守り支えてくれるものですから、体への負担が少ないものであることが大切だと思います。

それから洋服と同様、やはり手入れが簡単な素材であることもポイントです。軽く拭《ぬぐ》えば、汚れを落とせるようなものを選んでいます。

身につけるものは、あれもこれもと気の向くままに買っていると、どんどん増えてしまいがちなもののようです。

無駄なものにお金をかけないようにするには、ものを選ぶときに自分なりの基準を持っておくことが必要ではないかと思います。

自分にとって大切なことは何なのかがよくわかっていれば、買った後から、

「本当は必要なかったのに……」

と気づいて後悔するような失敗はしなくなるでしょう。

身軽に、すっきりと暮らすために、自分なりのものの見極め方をよく考えてみたいものです。

「手抜き」と「だらしなさ」は別物

歳を重ねていくうちに、どこかで「もういいや」と気を抜いてしまうことはあるものでしょう。外に出ることが少なくなり、人に会う機会も減ってくれば、

「ちょっとくらいだらしがない格好でも構わないだろう」と考えてしまうのも、自然なことかもしれません。

しかし、「手を抜けるところは抜いて暮らす」ということと、「だらしなく暮らす」ことは同じではありません。

私自身は、手を抜きつつも、だらしなくならないよう、歳を重ねるほど「清潔感」を大事にしていたいと思っています。

このように思うのは、私があこがれていた姑の生き方が強く印象に残っているからかもしれません。

姑は、認知症を発症する93歳まで、老醜《ろうしゅう》を見せることなく暮らしていました。日中は上品な薄化粧。夕方になると入浴を済ませ、着替えをしてから夕飯の食卓につく生活でした。肌着は必ず自分で手洗いし、アイロンも自分できっちりとかけるなど、およそ「だらしなさ」とは無縁の人だったように思います。

そんな凛《りん》とした姑の姿に、私は、

「このように日々を積み重ねていけば、歳を重ねても真の美しさを失うことなく暮らしていけるのだ」

と学ばせてもらったのです。

あの頃の姑の年齢を超えた今、私も清潔感を保つための、ちょっとした心がけは続けるようにしています。

美容院は、自宅から歩いて2分ほどのところに通っています。もう20年以上のおつき合いなので、予約しておけば、

「そろそろ大丈夫ですよ」

と家に電話をくれるのです。

洗髪してもらい、さっぱりとカットして最後にもう一度流してもらうだけですが、定期的に通うことが習慣になっています。

白髪染めは、していません。無理に若く見せようとするよりも、自然のままに自分の年齢を受け入れるほうが素敵なのではないかと思っているからです。

肌の手入れは、ごく簡単に済ませます。顔を洗った後につけるのは、レモンを焼酎に漬けてグリセリンを混ぜた手作りの化粧水。このほか、知人からいただく小豆島のオリーブオイルを使った化粧品を長年使い続けています。

手間やお金をさほどかけなくても、いつもこざっぱりと清潔にしておくことはできるのです。

ケガをしないために気をつけていること

歳を重ねても元気でい続けるためには、自分の体力や気力を過信しないことが大切です。

自分の体の衰えを客観的にとらえたうえで「何をしてはいけないか、何をすべきか」をよく考えておかないと、思いもよらないところで足を踏み外してケガをしたり、ちょっとしたことで体調を崩したりといったことになりがちなのです。

実のところ、これは私自身が自分のことを振り返り、自戒を込めてみなさんにお伝えしたいことでもあります。

私は大きな病気やケガとはずっと無縁で、人並み以上に体力がありましたから、そう簡単にケガなどしないという自負心を持っていました。ですから数年前までは、あまり自分の体についてあれこれと考えることがなかったのです。

しかしいくつかの経験を重ねるうちに、のんびりやで前向きな私も、

「これはもっと注意して暮らさなくては」

と考えるようになりました。

あるときは、しっかり持っていたつもりの分厚い本をとり落としてしまい、足の甲にしたたかにぶつけてしまったことがありました。自分の腕の力がすっかり弱くなっていることに、気がついていなかったのです。

足がひどく腫《は》れてしまい、しばらくは靴を履くのも大変でした。

友人から、ありがたい注意を受けたこともありました。

「あなたは、自分の年齢を考えずに動き回って、一緒に歩いていても、すぐ駆け出していくでしょう？　横断歩道の信号が変わりかけているときなんかは、青信号のうちに渡ろうとして小走りになるし。これは危ないから、やめたほうがいいわよ」

私自身は「まだまだ大丈夫だ」と思っていることも、長年、私をよく見ている友人からすれば、「そろそろ気をつけないと」ということだったのでしょう。

これは本当に友人の言う通りだろうと思い、それからは街の中でゆっくり歩くことを心がけるようになったのです。

実際に外を歩いていると、チカチカと点滅を始めた信号に向かって若者たちが駆けていきます。気持ちのうえでは私もサッと渡ってしまいたいのですが、ここは我慢のしどころです。


歩くときは、転ばないようにゆっくりと足を進めること。

立ち上がるときも、慌てず足元に気をつけること。

重いものは、しっかりと丁寧に持つこと。


自分が思う以上に、体は自由に動かなくなってきています。ケガなく穏やかに暮らしていくためにも、一挙手一投足に注意を向けることが必要です。

ちなみに私は、人と待ち合わせをするときは、必ず待ち合わせの時間よりも、早めに着くように家を出ることにしています。

慌てて向かえば、それだけ足がもつれたり道端の小石に躓《つまず》いて転んだりといったトラブルが起きる確率が高くなるでしょう。

焦りは事故のもとですから、常に余裕を持って動くことが、自分の身を守ることになるのです。

もちろん、待ち合わせの場に早く到着することができれば、そこで一息入れて気持ちを落ち着かせることもできます。

歳を重ねてからは、つねに心と体に負担をかけないような行動を心がけ、時間にもゆったりと余裕を持つことが大切になってくるのだと感じます。

植物や動物は生活必需品！

100歳に近い年齢になり、最近ではちょっとしたことを億劫に感じて、

「明日にしておこうかな」

と思うことが増えてきました。

年齢を考えれば無理もないことですから、そのまま、

「明日できることは明日やろう」

と決めてしまうこともありますが、無精を続けていてはさまざまな能力があっという間に衰えてしまいます。

後回しにしたことは、そのまま放置せず、調子のよい日にはきちんとこなすことを心がけています。

そんな私によい影響をもたらしてくれているのが、庭の草花やメダカたちです。

わが家の庭には、さまざまな草花や野菜などが植えられています。私がきちんと水をやらなければ枯れてしまいますから、多少、足に痛みがあっても水撒《みずま》きだ

けは頑張ろうという気になります。

庭に置いてある大きな鉢の中には、30年ほど世代交代をくり返しているメダカがいます。

メダカは毎日エサを遣らなくても生きていけるそうですが、そうはいっても生き物ですから、体調がよほど悪くない限りは世話をするのが日課になっています。

毎朝エサを遣りながら、元気に泳ぐ様子を見るのは、心が穏やかになるひとときです。

植物や動物など生き物をそばに置くことは、生活にハリを与えてくれます。

自分の体調や事情を考えながら、これからも末長くつき合っていければと思っています。

第2章　健康のために きゅうきゅうとしない

「これが食べたい」という気持ちに正直になる

私が心豊かに一人暮らしを続けてこられたのも、健康な体があってこそです。

でも、私は健康のためにきゅうきゅうとはしていません。ごく自然に、食べたいものを食べて生きてきました。

若い頃に栄養学を学びましたから、一般的に言われるように、炭水化物、野菜、お肉、お魚をバランスよく食べ、ビタミンやタンパク質をしっかりとることは意識していますが、これもふつうの食事をバランスよくいただく、というだけのことです。

健康法やダイエット法などで言われるような、

「これは食べてはいけない」

「絶対にこれを食べなければならない」

などといったことは、決めたことがありません。

1日30品目を食べるのが理想とも言われますが、こういった基準を神経質に守ろうとしたこともありません。

高齢になったら油分や塩分は控えたほうがよいとか、粗食が体によいとか、炭水化物のとりすぎはよくないといった説を耳にすることがあります。

私自身は、若い頃と比べれば、野菜や魚を中心にあっさりとしたメニューにすることが増えています。しかし、これは自分の気持ちに素直にしたがった結果、たまたまそうなっただけのことです。

今でもコロッケや豚カツ、カレーなどをお腹いっぱい食べたくなることもあれば、お肉をたくさん食べたいと思うこともあります。そしてそんなときは、食べたいものを満足いくまで食べることにしています。

90代半ばを超えてからも、100グラムほどのステーキを平らげて驚かれるくらいです。

そもそも、食べるものに過剰に神経質になることが、健康によい影響をもたらすのだろうかと疑問に思う気持ちもあります。

健康的とはいえない食事をしていても、長生きをしている人はたくさんいます。何より、私の周囲の人たちを見る限り、元気で長生きしているのは「細かいことにこだわらず、何でもおいしそうに食べる人」が多いのです。

大切なのは、気持ちに余裕を持ち、おいしく楽しく食事をいただくことではないかという気がします。

もちろん暴飲暴食はいけませんが、「これが食べたい」という気持ちに正直になるほうが、長く元気でいられるのかもしれません。

「揚げ物を食べたいけれど、あとで胃もたれするかも……」などと不安があるなら、とりあえず少しだけ食べてみることです。

自分の体のことは自分がいちばん、よくわかるもの。どのくらいの量なら胃もたれしないか、自分で探ってみて、楽しめる分だけ食べればいいでしょう。

「あれが体によい」

「これは体に悪い」

といった情報に振り回されず、自分にとってはどうなのかということに、目を向ける姿勢を持ち続けたいものです。

それに私には、

「この年齢になれば、いつふつうの食事をとれなくなるかもわからない」

という気持ちもあります。ですから、食べたいものを食べておくということも大切にしたいと思っているのです。

「手抜き」運動で適度に体を動かす

10代の頃はバスケットボールをやっていたほどで、もともと体を動かすことは嫌いではありません。そうはいっても仕事を始めてからは日々忙しく、健康のためにスポーツにとり組むことはありませんでした。

日常的に心がけていたのは、外出したら、できるだけたくさん歩くことくらいです。わざわざウォーキングをするのではなく、「仕事や家の用事のついでに、体も動かしておこう」というわけです。

こうした「ついで運動」の習慣は、今でも生活の中に残っています。

牛乳を火にかけて温めるときなど、ちょっとした隙間時間でシンクにつかまってスクワットをしたり、椅子に座っているときにストレッチのまねごとをしてみたり。特別に時間をとらない「手抜き」運動でも、案外、効果はあるものです。

実は私もこれまで何度か、近所の川辺を早朝に散歩するといった習慣をつくろうかと試したことがあります。でも、1週間と続きませんでした。無理に慣れない運動をとり入れようとするより、どうやら日常生活の中で体を動かすほうが、性に合っているようです。

家をバリアフリーにしない

もう一つ、私が体のためによかれと思ってやっていることを挙げるなら、家の中の段差や回り道を、そのままにしておいていることでしょうか。

高齢になるとちょっとした動作がケガにつながることもあるのは間違いなく、周囲からは家をリフォームしてバリアフリー化したほうがよいと勧められますが、私は自分の家をバリアフリーにしようとは思いません。

家の中で楽をするより、ちょっとした「バリア」を残しておくほうが、年齢とともに失われていく自分の能力を少しでも守り続けることにつながるのだと思っています。

段差に気をつけながら歩いたほうが、足腰を甘やかさずに済むでしょう。

また、わが家の台所はあえてあちこち動き回りながら作業しなくてはならないように物を配置しています。そのほうが、日々料理をする中で、自然に体を使う機会が増やせると考えているからです。

もちろん、高いところにあるものをとったり、重いものを運ぶといった動作は、無理をすると、ケガをしたり体を痛めたりすることも考えられますから、無理はしません。

でも、台車や踏み台などをうまく使えば、まだ自分でできる場面もあります。

今は安定感のあるプラスティック製の踏み台が通販カタログ等にいくらでも出ていますから、そういったものを買い揃え、家のあちこちに置いてあります。

見た目は決してよくはありませんが、工夫しながら、自分を甘やかしすぎないようにしたいと思っています。

そして、そうすることが、今の年齢にちょうどいい運動になっているのです。

バリアフリー化については、もし家をリフォームしてバリアフリーにしても、一歩外に出れば、「バリア」でいっぱいなのだということも考えておいたほうがいいように思います。

そのような状況でも健やかに暮らしていくために大切なのは、自分の体の状態を知り、周囲にきちんと注意を払って動くことではないかと思います。

その意識を無理せず保ち続けるには、やはり家でラクをしすぎないほうがよいと考えています。

段差などがそのままの家では、暮らし慣れているとはいえ、うっかり転んだり体をぶつけたりすることはあります。

でも、そういったことも受け入れて緊張感を持ち続けることが、私にとってはいい刺激になっているのです。

ストレスなく暮らす方法は意外にカンタン

私が長らく健康で元気にすごしてこられたのは、ストレスを溜めない性質だったことも理由の一つでしょう。

私は人間関係に悩むようなことがほとんどありません。このように話すと驚かれることもありますが、人間関係に悩まずに済ませるのは、そう難しいことではないのです。自分が、

「この人とは関わりたくないな」

と思ったら、その心の声にしたがって、相手が親戚であろうとも、避けてしまえばいいのですから。

もちろん、親戚など縁の切れない相手であれば、ときには顔を合わせることも

あるでしょう。

そのときは無理せず、失礼のない範囲で対応すればいいと思います。

自分の心の声にしたがって、嫌な人とはつき合わず、好きな人と仲よくする。これだけで、人生においてストレスを感じる場面は、ほとんどなくなってしまうのです。

「仕方ない」は魔法の言葉

もちろん、ストレスを感じがちな場面というのは、ほかにもあります。

年齢を重ねると、病気やトラブルなどに対する不安が高まり、ストレスを抱えてしまう人もいるでしょう。

私も以前、寝ているときにベッドの近くで物音がして、ハッと目覚めたことがありました。そのときは恐怖を感じたのですが、あとで冷静になって考えると、仮に誰かが家の中に入り込んできたとしても、盗《と》られて困るようなものなどありませんから、そんなに怖がることはないのです。

寝ているときに胸に違和感を覚えたときも、

「どうしたのかしら」

と不安に思いました。しかし、それで自分の体に何かあっても、年齢を考えれば、それは仕方ないのだと思うことができました。


「仕方がない」

この言葉は後ろ向きに聞こえるようで、実は不安やストレスから解放されるために、よく効く言葉ではないかと思っています。

年齢を重ねるにつれ、若い頃には当たり前にできていたことが、うまくできなくなっていきます。

あれもできない、これもできない。

そんな現実を突きつけられる毎日でも、潔く、

「仕方ないわね」

とあきらめてしまえば、イライラしたり、わが身を嘆いて落ち込んだりといったことにはならないのです。

体の調子が悪いときは「すぐ寝る」

もう一つ、私が健康のために気をつけていることをしいて挙げるなら、「少しでも体の異変を感じたら、すぐに寝てしまうこと」です。

若い頃は、多少の無理もしました。

「ちょっと体の調子が悪いな」

というときでもハードな仕事を終えた後に遊びにでかけたり、家事を終えた後

に夜遅くまで原稿を書いたりと、体に負担をかけることが少なくなかったように思います。

しかし今では、少しでも、

「疲れたな」

「横になりたいな」

と思ったら、無理せずにすぐ寝ています。おかげで、あまり風邪をひいたりすることもなくなりました。

シンプルなことですが、まずは心を軽くすること、そして体はゆっくり休めるということが、元気に暮らすためのベースになるのではないかと思っています。

定期的な健康診断は、往診で

私はこれまで、大病をしたことがありません。かかったことがある病気らしい病気といえば、帯状疱疹《たいじょうほうしん》、腱鞘炎《けんしょうえん》、それに円形脱毛症くらいのもの。円形脱毛症は、今思えば、口うるさい夫が原因だったのではないかという気がしています。

ずっと健康でいられたこともあり、病院には長らく縁がないままでしたから、常々、医者にかからずに済むならそうしたいと思っていました。

ですが、高齢になれば、少しは体に気を配ることも必要になります。

数年前、ノンフィクション作家の高見澤たか子さんが往診に来てくれる医者を紹介してくれたので、それ以来、定期的に自宅で健康診断を受けるようになりました。

血液検査のほか、インフルエンザの予防接種なども家で受けられるので、大変助かります。

かかりつけの医者がいるというのは、何かと安心なものです。

たとえば体の不調が発生したとき、自分ではどこの病院に行けばいいのか判断しかねるかもしれませんし、大きな病院にかかるには、紹介状が必要な場合もあります。

定期的に診察を受けていれば、いざというときに面倒な手間もなく、すぐ相談することができます。

もちろん医者の世話にならないに越したことはないのですが、年齢を考えれば「転ばぬ先のつえ」はあったほうがいいようです。

物忘れは、して当たり前

歳を重ねるにしたがい、物忘れをすることがずいぶん多くなりました。

ときには、「どうしてこんなことを忘れてしまうのだろう」と、がっかりする自分もいます。

　でも、考えてみれば、人間の脳は物を忘れるのが当たり前なのです。これまで100年も生きてきた間の記憶が全部、頭に詰め込まれていたら、そのほうがおかしいでしょう。

　そう考えれば、多少物忘れをしたからといって、落ち込むことはないのだと元気が出てきます。

　それに、何でも正確に記録してくれそうなコンピューターだって、ときには間違いをしでかします。銀行でシステムが動かなくなったというニュースを耳にして、

「コンピューターだってそんなものか」

と思うとき、感情までコントロールできる人間という精緻《せいち》なものだって、長年使い続けてきて不具合がないというわけにはいかないだろうとも考えるのです。

　物忘れをしても当たり前だ、なんていうと居直りのようですが、そうやって今

の自分を受け止めてしまえば、いつ、

「あれ、何だっけ？」

となっても、笑いながら暮らしていくことができます。

以前、姪《めい》と二人で買い物に行くとき、

「そうだ、コーヒークリームも買わなくちゃ」

という話になりました。思いついたのがちょうど出がけだったものですから、メモもせずにそのまま家を出たのです。二人とも、それくらいならメモしなくても大丈夫だろうという気持ちもあったかもしれません。

ところが、いざ買い物を始めたら、何を買うのかをまったく思い出せなかったのです。

「ほら、あれよ、あれ」

そんなふうに言い合っても、いっこうに記憶は戻ってきてくれません。やっと思い出したのは、いったんあきらめて二人で喫茶店に入ったから。そこでコーヒーに添えられていたクリームを見て、二人で、

「あぁ！　これ、これ！」

と笑い合ったのでした。

これくらいのことは、日常のひとこまとして笑い飛ばす気持ちをいつも持っていたいものです。

物忘れを気にする人は多いのでしょう。テレビや雑誌などでは、記憶力をよくしようという話がよく出てきます。

運動や食べ物など「効果あり」とされるものもあるようですが、私はそういった情報に頼らなくても、一生懸命に暮らしてさえいれば、十分ではないかと思っ

ています。

そのためには、趣味でも何でもいいので、日々やることがあるという状態を保つことが大切でしょう。

ぼんやりする時間もあっていいのですが、たまには少し時間に追われることもあるほうが、頭をしっかりさせられるように思います。

歳をとることで得るものは多い

歳をとると、失うものがたくさんあります。

歩くペースはゆっくりになりますし、最近は、落とした物を拾うというようなちょっとした動作にも苦労するようになりました。

先に触れた通り、物忘れはしょっちゅうですし、健康がとり柄だった私の体にも年相応の傷みが出て、最近は病院に通う日々です。

でも、自分がすでに失ってしまったものを数え上げ、

「昔はもっとできたのに」

と嘆いていても、よいことはありません。

それよりも、この年齢に達したからこそ気づくこと、わかることに目を向けたほうがいいと思うのです。

実際、私自身はそのような視点を手にしたことで、毎日がとても楽しいと感じられています。


たとえば、自分でできないことが増えると、周囲の人たちが頼もしく見えてきます。

ときどき私を訪ねてきてくれる姪は、片づけを手伝ってくれたり、重い荷物を代わりに運んでくれたりします。昔の自分なら当たり前にできたことですが、今

の自分には彼女のように動くことはできません。

そのことに気づくと、かいがいしく動いてくれる姪の姿に、しみじみと感心します。かつては当たり前だと思っていたことが、実はそうではなかったのだということも、この歳になってみて感じられることです。

老いることで、周囲の人のことがよく見えるようになり、人の優しさや素晴らしさ、当たり前のように見えていても実は貴重な能力があるのだということがわかるようになったのです。

私は、自分がこのような気づきを得られたことをうれしく思っています。

ですから、よく、

「下り坂の風景もいいものよ」

と言うのです。

若い頃のようにきびきびと動くことはできなくなりましたが、だからこそ見える風景というものもあります。

たとえば30代の頃、仕事や家事に忙しくしている中、一瞬足を止めて見上げる夕日の美しさ。それはそれで素晴らしいものでしたが、70代、80代、90代となって見る夕日の美しさは、また味わいが異なるのです。

体が弱くなり、歩くのも休み休みになれば、一休みして腰かけながら、夕日が落ちていくのをゆっくり眺めることができます。

何かに追われることなく、体が休みたがるのに任せて、心ゆくまで夕日を楽しむというのはなかなかいいものです。これもまた、「下り坂の風景」といえるでしょう。

「下り坂の風景」を楽しもうと考えるのは、失ったものを嘆くのではなく、歳を重ねることで、つねに新しく何かを得ているのだと考えること。

こんなふうに視点を変えてみることは、人生を楽しむための知恵になるのではないかと思っています。

認知症になったら、どうするか

私の姑は、外交官の妻として海外で暮らしていた経験があり、英語に堪能で、93歳まで英語を教えていました。

旺盛な好奇心を持ち、暮らし方にもこだわりを持って、いつも身ぎれいにしていたものです。

そんな姑を私は尊敬していました。お互いにとてもよい関係を築いていたと思っていますし、何より私は、姑が好きだったのです。

そんな姑が患ったのが、認知症でした。

認知症は当時は「ぼけ」と呼ばれ、今のように社会問題として大きくとり上げられることもほとんどありませんでした。

私は躊躇《ちゅうちょ》なく姑の介護にとり組みましたが、社会における理解が進んでおらず、認知症患者とどのように接すればよいかといった情報もなかった当時、一人で介護の苦労を抱え込んでしまっていたように思います。


介護というものは、体力的にも精神的にも負担が大きいものだということを、私は自分の経験からよくわかっているつもりです。

いくら深い愛情を持って介護にとり組んでいても、その負担が軽くなるわけではないのです。

ですから、もし自分に介護が必要になっても、家族や親戚には世話にならないようにしたいと思っています。

世の中では、

「家族の介護はやって当たり前」

「世間に迷惑をかけたくない」

といった考えが、まだまだ根強くあるようです。

しかし、介護は専門の人に任せたほうがよい、というのが私の考えです。

周囲には、もし私が認知症になったら、介護しないように伝えてあります。

施設に入るならお金が必要ですから、そのための準備はしてきました。

認知症にならないに越したことはありませんが、どうなるかは誰にもわかりません。いざというときの備えは、やはりきちんとしておくべきだと思います。


認知症になったら……と考え、不安な気持ちになったことがある人は多いと思います。特に、身近に認知症になった人がいれば、

「家族に迷惑をかけたくない」

「みっともない姿を見せたくない」

といった思いを、より強く持つものでしょう。

私の夫が、そうでした。認知症を患った姑の姿を見て、思うところがあったのでしょう。

「自分は、ぼける前に何とかさよならしたいものだ」

と言っていました。その言葉の通り、夫が人生を終えられたことは幸いであったと思います。

私自身も、できることなら今のように日常生活を送りながら、この世に別れを告げられればと思っています。しかし、この先のことはどうなるか誰にもわかりません。

一ついえることがあるとすれば、

「認知症になったらどうしよう」

とおびえながら暮らしても、結果は変わらないということです。

それなら、ビクビクしながら生きていくより、今を楽しむことに目を向けたほうがいいのではないでしょうか。

私は、

「もし認知症になったとしても、案外、心は平和でいられるかもしれない」

などと考え、深刻に悩まないようにしています。

「死」は自然に任せるのがいちばん

「死ぬことを考えて怖くなることはありませんか」と訊ねられることがあります。

人生の終わりが近づいていることを意識するとき、どのような心持ちでいればよいのかと戸惑う人も多いのでしょう。

実は私は、死ぬのが怖いと思ったことがありません。ずっと健康だったので

「死」を意識せずに来てしまったということが理由の一つでしょう。

しかし、97歳で初めての入院を経験したときも、やはり恐れは感じませんでした。

100歳まで生きてきたのですから、いつ何が起きてもおかしくはありません。死ぬときは、死ぬでしょう。

「これぱかりは自然に任せるほかない」

というのが素直な気持ちです。

歳を重ねていけば、誰しも、いつかは滅びます。永遠に生き続けることはできません。これは当然のことですから、そうなったら仕方がない。あきらめの気持ちではなく、それまでに精いっぱい、やりたいことをやって生きていければ、もう十分だと感じているのです。

「できればこんなふうに逝きたい」という望みはあります。

姑は、元気な頃にはよくこう言っていました。

「前の晩にはみんなと元気に話をしていて、明くる朝『おばあちゃん、息をしていないわ』と言われる――そんなふうに、いつ死んだのかわからないような死に方ができたらいちばん幸せね」

私も、同じ思いです。

ちなみに姑は、まさにこれから入院するというときに水を飲み、

「お水ってこんなにおいしいものなのね」

という言葉を残して、スッと亡くなりました。

晩年は認知症を患いましたが、その逝き方は理想的だったといってもいいのではないかと思います。

私は顔も体質も父によく似ているのですが、その父は狭心症で急死しました。

このため、

「もしかすると父のようにあっさりとこの世に別れを告げられるのではないか」

という気がしています。

都合のよい思い込みかもしれませんが、理想的な逝き方ができそうだと思えていることが、死への不安を忘れさせてくれている面もありそうです。

第3章
病気になっても、病人にはならない

「手術は受けない」という選択

健康がとり柄の私ですが、2015年、97歳にして初めて入院をしました。

思えば、その半年ほど前から、体の調子が少し悪いなと思うことがありました。足が思うように動かない気がしたり、少しふらついて足元がおぼつかなくなったり、家事をしているときに心臓がドキドキして息切れしたりすることもあったのです。

そんな体調でしたから、少しばかり外出を減らしていました。それでも、年齢を考えれば多少の不調は当たり前だと思っていたので、特に心配もせず普通に暮らしていたのです。

いよいよ総合病院に行くことになったのは、往診してもらった医者からの勧めがあったからです。

いつも月2回、往診で簡単な健康状態のチェックを受けていたのですが、めずらしく風邪をひいたときに「ふらついたり息切れしたりすることもあるんです」と話してみたところ「一度、詳しい検査を受けておいたほうがいいでしょう」と言われたのでした。

それで、紹介状を書いてもらって病院に出かけていったわけです。

検査の結果わかったのは、肺の片方に水が溜まっていることと、かなりの貧血であるということ。

総合病院の担当医から、

「すぐ治療が必要です。2週間、入院してください」

と言われ、そのまま入院することになったのでした。

治療方針については、担当医と率直に話し合いました。

先生は、原因はおそらく老化であること、手術は可能だけれども、それで状態がよくなるとは限らないことを説明してくれ、そのうえで私に手術を受けたいかどうかを訊ねました。

私は、その場ですぐ、

「手術は受けません」

と答えました。

97年間、休まず使ってきた体です。いつ壊れても不思議ではないのです。多少無理をしてでも長生きしたいとか、何とかして少しでも楽になりたいといったことも望んでいません。ですから、手術を受けようかどうしようかと悩む理由はありませんでした。

先生は私の考えを理解してくださったのでしょう。

「97歳まで生きたら、万々歳ですよね」

と言うので、私も、

「そうそう、本当にそうですよ」

と答えました。

医者とこんな会話ができるのは、幸せなことだと言っていいように思います。

基本的な治療は、肺の水を抜くことと、貧血を補うために輸血を受けることだけです。

この治療は一度で済むわけではないので、ときどき入院する必要があります。それでも、仕事や家のことは続けられますし、ご飯もおいしく食べられるのですから、何も言うことはありません。

仕事などは無理のないペースで続けながら、のんびり病気とつき合っていけばいいと思っています。

病気になっても、体に感謝

初めて入院をしてみて、改めて思い出したのは、文筆家の故・吉武輝子さんに教わった言葉です。

「病気はするけれど、病人にはならないの」

吉武さんは、自分で「私は病気のデパート」と言うほど、さまざまな病を抱えていらっしゃいました。晩年は呼吸障害があったので、会合や座談会などでお会いしたときは、酸素ボンベを引いて歩いていました。

そのお姿に、思わず私が「大丈夫?」と訊ねたときに返されたのが、「病人にはならない」という言葉でした。

私は、吉武さんのこの言葉に深く頷《うなず》いたものです。


世の中には、病気というほどの病気でもないのに、重病人のようになってしまっている人がたくさんいます。いつも、

「ここが悪い、あそこが痛い」

と言っては病院通いをし、薬をたくさんもらわなければ安心できない、という人もいるようです。

お互いに病気自慢をし、さも大変だという顔をしている人たちが、みなさんの周りにもいるかもしれません。

実のところ、私の親族にも、

「進んで病人になっているんじゃない？」

と笑ってしまうような者がいます。私が心臓を悪くしたと聞いたら、急に、

「私も心臓がおかしい気がする」

と言い出して、病院に行ったのです。

「病院で、やっぱり心臓に少し問題があると言われてきた」

と言うのですが、近所におすそ分けに回っているときなど、ほかのことに目が向いているときは元気そうにしています。私の病気が見つかって、

「もしや自分も……」

と不安にさせてしまったのかもしれませんが、私の目には、本人が思うほど大きな問題はないように見えます。


昔から、「病は気から」と言われます。

もちろん、意思の力ではどうにもならない病気にかかってしまうことは、誰し

もあるでしょう。

それでも、吉武さんの言葉から私が思うのは、病人になるかどうかは自分で選べるのではないか、ということです。

私は、自分から病人にはならないようにしたいものだと思っています。

確かに、ふらついたり心臓がドキドキしたりはします。医者からも、心臓に問題があると診断を受けました。

でも、100歳という歳なのですから、どれも当たり前のことで、病人と名乗るほどのものではありません。

それに、

「心臓に問題があるなんて、どうしよう」

と思い悩んだり、落ち込んだりするより、

「あら、100年も動き続けてくれたんだから当然ね。今まで働いてくれたことに感謝しなくちゃ」

と明るく考えたほうが、病気もよくなりやすいように思います。

もっと言えば、気持ちを明るくしていれば、病院の先生やスタッフの方々とも心穏やかに仲よくおつき合いできるというもの。

「病人にならない」というのは、自分自身のためになる、いいことずくめの心がけではないかと思うのです。

病院食はこうして楽しむ

入院すると決まって、私が考えたのは、

「この歳になっても、まだ初体験できることがあるんだ」

ということでした。

私は病気知らずで、病院とはほぼ無縁でしたし、人間ドックにも入ったことがありませんでした。ですから、人生初の入院は何もかもが新鮮に感じられて、面白がっていたのです。

食いしん坊な私がまず興味津々だったのは、病院で出される食事はどんなものなのだろう、ということでした。

入院した頃は、ちょうど歯の治療中で食べ物が噛みにくかったので、担当医にそのことを話すと、先生は気を利かせて「刻み食」にしてくれました。刻み食というのは文字通り、細かく刻んだ食事のことです。固いものや筋のあるものだけでなく、魚などもすべて細かくして、お皿の上に盛ってあるのです。聞くところによると、最近では刻み食も一歩進んで、いったん刻んだものをもと通りに成形する場合もあるようです。

確かに、魚も野菜もみんな同じように刻まれたままよりは、魚なら魚の形になっていたほうが見た目にも楽しいでしょう。

さて、

「どんなものなのかしら」

と思っていた刻み食は、実際に運ばれてきたものを食べてみると、だんだん自分が小鳥になったような気分になってきました。

食べ物というのは、細かくしすぎると素材の味わいが失われてしまうようで、どれも似た味に感じてしまい、

「なんだか小鳥のエサみたい」

と思ってしまったのです。

唯一、オクラの酢の物は刻んであってもおいしいと感じられたのですが、2日

も刻み食を食べたら、

「もう十分、ごちそうさま」

という気持ちになり、3日目には普通食に戻してもらいました。

それもこれも経験してみてわかることですから、こうして振り返ってみると、改めて面白かったなと思えます。

入院生活はこうして楽しむ

私はふだん、家での食事は1日2回。朝はパンを食べ、お腹が空いたら間食をし、夕食は軽めにとるのがいつもの習慣です。病院の朝食は主食を白米とパンから選ぶことができたので、迷わずパンを選びました。

また、普通食にする際、先生に、

「いつもは1日2食にしています。それではいけないでしょうか」

と訊ねたところ、問題なく、そのように変えてもらうことができました。

ところが今度は、病院で出されるパンがうまく咽《のど》を通ってくれません。バターがついていなかったので、パサパサして食べにくかったのです。

私の場合、胃腸はまったく問題なく元気でしたから、「1日2食で」と言いはしたものの、これではお腹がもちません。

そこで、先生に改めて相談したのです。

「先生、1日2食と言いましたが、おやつを食べてもいいでしょうか？」

すると先生が、

「いいですよ、ケーキの一つくらい」

と言ってくださったので、私は姪に頼んで、おやつを買ってきてもらうことにしました。

病院のすぐ近くには、昔からよく知っている、「うさぎや」さんというおいしい和菓子屋さんがありました。どら焼きが大変有名なのですが、私は「うさぎや」さんの焼き団子も大好きです。

そんなわけで、病室で姪が買ってきてくれた「うさぎや」さんのお団子を頬張《ほおば》っていたところ、看護師さんに見とがめられてしまいました。

「あまり持ち込みはしないでくださいね！」

「あら、先生に聞いたら、おやつを食べてもいいとおっしゃったのよ……」

慌てて、「すぐ聞いてきますね」と病室を出ていった看護師さん、戻ってくると、

「先生、いいっておっしゃってました！」

と言うので、みんなで顔を見合わせて大笑いしました。

また別の日には、姪と私がおやつを食べていたところに、ちょうど担当の先生が現れました。

姪がニコニコして先生に、

「もう一つあるんですよ、召し上がりますか?」

と言うと、先生もさらりと、

「もらっておきます」

と言うので、また一緒に大笑い。

私の病室では、こんなふうにいつも何かと笑いが起きていて、気分も明るくいられたのでした。


食事の面で一つつけ加えると、入院中は多少、塩や水の制限などもあり、しんどいことがなかったわけではありません。

それでも、食いしん坊な私が労せずして痩せることができ、医者のアドバイスする体重に近づいたのですから、それはそれでまたよかったと思っています。

どんなときでも「楽しまなければ損」

どんなときでも、「楽しまなければ損」というのが私の考えです。

入院中も、時間があれば周囲の人々の様子などをじっくり観察していました。興味を持ってさまざまなことに目を向けていれば、飽きている暇などありません。

たとえば、病院の窓の外に見える夜の街の様子は、私にとってはずいぶんと新鮮に感じられました。

夜はあまり外出せず、出かけるときも甥に頼んで車で移動することが多くなっていましたから、考えてみれば、夜の街をじっと見るような機会はそれまであまりなかったのです。

病室は4階にあり、部屋の窓からは下を通る道の様子がよく見えました。

病院から出てきた看護師さんの中には、すぐそばにある保育所から深夜11時頃に子どもを連れて出てくる方もいます。ぐずってお母さんの腕の中であばれている子ども、お母さんとなかなか手をつなごうとしない子どもの姿を見ていると、

「あぁ、子どもはこうやって気持ちを伝えようとしているんだな」

などといった、さまざまな思いが胸を去来します。

駅に近い病院だったので、電車が止まるタイミングでは、駅から帰路を急ぐ人々がどっと出てくるのもわかりました。

ある雨の日には、その人波の誰が男性で誰が女性なのかがほとんどわからないことに気づきました。なぜだろうと考えてみたら、人々が差している傘の多くがビニール傘だったのです。

昔は、女性はひと目で女性用だとわかるような色の傘を差していたものですが、いつの間にか、ずいぶんビニール傘が使われるようになっていたようです。

そういえば、私自身も家にビニール傘を置いておいて、急な雨のときにはお客様に「どうぞ」とお渡しするようにしています。ビニール傘なら、相手も「返さなければ」と気を遣う必要がないからです。

通りすぎゆく傘を眺めながら、「こうやって気軽にみんなが使えるもののほうが、今の世の中には合うのかもしれない」などと考え、さらに「入院しなければ、傘のことなんか考えなかったかもしれない」と思うと、そんな夜も心楽しく感じられたものです。

病院の中でも、さまざまな気づきがあります。

見舞いに来てくれた姪が廊下を歩いていたときのこと、ある病室から、パンパンと手を叩く音が聞こえたのだそうです。

姪が音の鳴るほうに目を向けると、病室の中にいたのは、高齢の男性。

「あれは何かしら、手を叩いて人を呼んでいるのかしら」

と、怪訝《けげん》そうな顔をする姪。

話を聞き、記憶の糸をたぐっているうちに、私の夫も私のことを呼ぶのに、ときどき手を叩いていたことを思い出しました。

「いつも家で手を叩いて人を呼んでいるような男性が入院患者になると、病院でもつい手を叩いて人を呼ぼうとしてしまうんでしょうね。もう、習慣になっちゃってるんじゃないかしら」

当人にはふざけている気持ちはないのでしょうが、傍《はた》から見るとおかしくて、つい笑ってしまいます。

入院中も自分でできることは自分でやる

不思議に思ったのは、看護師さんから毎日のように、

「入れ歯、ありますか？　補聴器は？　眼鏡はありますか？」

と訊ねられることでした。

あまり何度も同じ質問をされるので、

「どうしていつも、それを聞くんですか？」

と質問してみたところ、高齢者同士が相部屋だと、眼鏡や補聴器のとり違えや紛失が本当に頻繁に起こるのだとか。置き忘れなどがあまりに多いので、看護師さんが声かけをしてこまめに確認し、早めにあるべき場所に戻そう――ということのようでした。

私の場合は個室に入っていたのでとり違えなどは起こらないはずですが、個室か相部屋かを問わず、入院患者への確認は必ずやることになっているのでしょう。

歳をとって忘れっぽくなっているとはいえ、なぜそんなに置き忘れなどが多い

のだろうと考えたとき、思い当たったことがあります。

入院中、高齢者が食事時間にいっせいにベッドに並び、口を開けて食べさせてもらっている姿を目にしたことです。

はっきりしたことはわかりませんが、時間をかければ自分の手で食べることができそうな人でも、効率化のためなのか、同じように食事を口に運んでもらって食べているように思われました。

入院生活を送る中、だんだんと人に頼り切りになってしまえば、身の回りの物の管理に注意が行き届かなくなるのも無理はないのかもしれません。

自分でできることはできるだけ自分でやりたい、というのが私の考えですが、それは自分自身のためにもなる、ということを改めて感じたのでした。

20年間飲み続けた降圧剤にギモン

私は、なるべく薬は飲みたくないと思っています。

実は70代の頃から20年近くにわたり、血圧を下げる薬を飲んでいた時期がありました。「丈夫で長持ち」が自慢だった私ですが、風邪をひいたときに早く症状を落ち着かせたくて病院に行ったところ、

「血圧が高くなっていますよ」

と言われてしまったのです。

以来、私は処方された薬を律義に飲み続けました。いったん高血圧だということになったら、習慣として薬を飲み続けるのは、まるでごく当たり前のことのようでした。

ところが薬を飲み始めて20年近く経《た》った頃、たまたま薬を飲んでいなかったときに血圧を測ってもらったところ、私の血圧はまったく高くなかったのです。

「上が110から120くらいですから、90代でこのくらいなら薬を飲む必要は

ないでしょう」

医者にそう言われ、私はあっさりと血圧の薬から解放されました。

いったいなぜ、20年間も必要のない薬を飲み続けていたのでしょうか。

医者に聞いてもはっきりとした答えは返ってきませんでしたが、血圧というのは絶えず変化しているものだそうですから、風邪のせいだったのかちょっと疲れていたからなのか、たまたま最初の診断のときの血圧が高かったということではないかと考えています。

処方されるまま習慣として薬を飲み続けていましたが、ピタリと飲むのをやめた後も、私の体はなんということもありませんでした。

このときの経験から、私は医者に言われるままに薬を飲むのではなく、自分で自分の体の様子をよく観察して判断すべきだと考えるようになりました。

「医者に出してもらった薬を飲んでいると、何となく安心する」

という人もいるでしょう。

ですが、効果があれば必ず副作用もあるのが薬というものです。安易に飲むのは、避けたほうがよいようにも思います。


ですから私は、病院で出された薬は、自分で調整してしまいます。

たとえば、

「ちょっとお腹の調子がよくないので、何かお薬をください」

「少し胃が重いのですが」

などと言うと、3日分もあれば十分なのに、1週間分も薬を出されるのはごく普通にあることです。

そうやって処方された薬を、自分の体がそんなに必要としていないときに、全部飲むというのはかえってよくないのではと思っています。とっておいて、同じように調子が悪くなったときに飲んでもいいでしょう。

「手抜きの勧め」ではありませんが、生真面目に「もらったら全部、飲まなければいけない」などと考えず、自分の体と相談しながら、加減すればいいのではないかと私は思っています。

自分の体のことは自分がいちばんよくわかる

薬に限らず、私は「自分の頭で考える」ということがとても大事だと思っています。

特に病気については、本来、自分がいちばんよくわかることだと思うのです。ずっとつき合い続けてきた自分の体のことですから、よくよく考えれば、医者よりも適切な判断ができることもあるはずでしょう。

「先生の言うことだから」と何でも鵜呑《うの》みにすると、体が発している大事なサインを見落とすことにもなりかねません。

昔は私も、「病気というのは医者が治してくれるもの」と思っていました。でも、やはり自分の体を治すのは、自分なのです。医者は知識の足りないところを補い、体を治す手助けをしてくれるのだと考えておいたほうがいいでしょう。大切なのは、担当の先生に何でも思ったことを相談してみることです。

私は歳を重ねてちょっとずうずうしくなったのか、頭をよぎったことは何でも先生に言ってしまいます。

「この薬は、飲んでみたけれど、あまり好きではないんです。ほかに何か薬はありませんか？」

「薬の種類がずいぶん多いですね。この薬は、どうしても必要なんでしょうか？」

などと遠慮なく言いますが、ニコニコ笑って伝えているからでしょうか、先生はいつも私の言うことに耳を傾けてくださいます。

それに、医者は医療のプロとして、検査結果や私の言うことなどを総合的に判断しているはずです。プロの領域にあれこれ口を出すのはよくありませんが、何も言わずにだまっていて、

「先生にすべてお任せします」

という態度でいるのも、よい結果は招かないように思うのです。

最後に自分の体を守るのは、自分自身。そう心に留め、医者にきちんと自分の考えを伝えるようにしたいものです。

介護保険を使わずにいる理由

私は今のところ、介護保険を使わずにいます。

そもそも介護保険に関しては、私は制度を作ることに携わった経緯があります。評論家の樋口恵子さんが立ち上げたＮＰＯ法人「高齢社会をよくする女性の会」で理事を務めており、これまで介護に関するさまざまな活動を行ってきたのです。ですから、介護保険制度のことはよく知っています。

それでも私は、96歳になるまで、要支援状態や要介護状態にあるかどうか、要介護状態にあるとすればどの程度なのかを判定してもらう「要介護認定」も受けていませんでした。

医者から勧められて初めて要介護認定の申請をすることにしたときは、区役所で書類を申請したら窓口で、

「介護保険の被保険者証はお持ちですよね？」

と言われました。私が持っていないと言うと、

「そのご年齢で、そんなはずはありません」

と押し問答になってしまい、96歳になって介護保険を使っていないケースは稀《まれ》なのだろうと実感したものです。

実際の要介護認定の面接では、

「両手を横に広げられますか?」

「自分で爪を切れますか?」

「歩いてみてください」

などといったことを確認されました。

今のところどれも問題なくできますが、審査を経験し、いずれはこういったこともできなくなるのかもしれない、と考えさせられることになりました。

認定の結果は、「要支援」。これは、「日常生活上の基本的動作については、ほぼ自分で行うことが可能であるが、日常生活動作の介助や現在の状態の防止により、要介護状態となることの予防に資するよう手段的日常生活動作について何らかの支援を要する状態」で、最も軽いレベルです。

「要支援」だと、ケアマネージャーさんに介護予防ケアプランの作成を依頼し、それをもとにホームヘルパーさんに訪問してもらい、生活の支援を受けることができます。

ですが、今のところ私は、ホームヘルパーさんに頼むような身の回りのことくらいは自分でこなせます。

社会保障費の負担の増加が社会的な問題になっていることを考えると、「せっかくだから」とホームヘルパーさんに来てもらうのもいかがなものかという気がします。

それに、

「まだ介護保険に頼らなくても大丈夫」

と考えているだけでなく、

「ひとたび介護保険に頼って『このほうがラクだから』と甘えたら、そこからできることもできなくなっていくのでは」

という思いもあります。

いつか本当に必要なときが来たら、私も介護保険のお世話になることでしょう。でも、できることなら、これからもなるべく介護保険に頼らずにやっていきたい。今は、そう思っています。

第4章　手抜きでもおいしく、栄養たっぷり

おいしい食事が健康の秘訣

料理が楽しく、食事がおいしければ、毎日をそれだけで楽しくすごすことができるもの。

私は朝に目が覚めると、

「今日は何を食べようかしら」

とわくわくするほどで、常々、食べられる喜びを大切にしたいと思っています。

昔、家族から聞いた話によると、私の食いしん坊ぶりは、幼い頃からのもののようです。当時の様子について、

「何でも食べたがって、口に入るものなら、どんなものでもよかった」

と聞かされたことがあります。

戦争中は食べるものに苦労したのですが、不思議なことに、そんな環境下でも私はあまり痩せることがなく、ずっと「小太り」な体型を維持していました。

それを気にするでもなく、料理学校の先生からの、

「小太りくらいが健康でいい」

という言葉を前向きに受け止めて、ダイエットのようなこともほとんどせずに生きてきたのです。

食事には、「こうでなくては」というルールはありません。楽しめるものは、何でも楽しみます。

たとえば、自宅の庭で育った野菜を収穫し、採れたてを調理して食べるのは楽しみの一つ。

全国各地から特産品などをとり寄せるのも大好きですし、知人が、

「きっとこれはお好きだと思って」

などと言って贈ってくれるものには、いつも心が躍ります。

外食もまた楽しく、歳を重ね、さまざまな経験をするうちに、

「お寿司ならここがおいしい」

「てんぷらはあのお店が最高」

などと、少しずついいお店を知っていくのはうれしいものです。


こうして改めて考えると、私は本当に食べることへの欲求だけは、ずっと変わらずにいるのだなと感じます。

根源的な欲求ですから、それには素直に応じているほうが幸せに暮らせるように思います。

少々、お金をかけていいものを食べることがあっても、長年働いてきたのです

から、それくらいはやってもいいのではないかと考えてもいます。

食べる量は、体のことを考えれば「腹八分目」にとどめておくのがよいのでしょうが、そういったことにもあまりとらわれていません。

これまで長く健康でいられたのも、実はこうしたストレスのない食べ方のおかげなのではないかという気がしています。

食の大切さを思い出させてくれた「柿の白和え」

子どもの頃から食べるのが本当に大好きな私ですが、ある時期、食に対する強い気持ちが失われてしまったことがあります。

それは、姑に続いて、夫を看とった頃のことでした。気がつくと、料理を面倒だと感じている自分がいたのです。

それまで私は、家族やお客様のため、仕事の傍らで時間を見つけながら料理することを心から楽しんできました。
実のところ、仕事やほかの家事には追い立てられるような気持ちになることがありましたが、その中で料理をする時間は、大切なリフレッシュの時間になっているほどだったのです。

自分のことを料理好きなのだと思っていましたから、一人用の食事の準備さえ億劫に感じてしまう自分の気持ちを、当時の私は理解できずにいました。
今になって考えてみれば、私は料理をするうえでずっと「おいしいものを家族に食べさせたい」という気持ちがありましたから、その張り合いを失ってしまって気力が萎《な》えていたのではないかと思います。

私はなかなか料理をしたいという気持ちを持てないまま、しばらく時間をすごしていました。

外食が増え、近所に住む家族や友人の家で食事をいただいたり、家で食事をとるときも、買ってきたお惣菜《そうざい》で済ませたりする日々だったのです。

そんなある日、銀座に出かけたついでに立ち寄った、ホテル内の和食店でのことです。頼んだお弁当の突き出しに出されたのが、「柿の白和え」でした。

柿の白和えは、私の大好物です。突き出しですから量はさほど多くはなく、夢中であっという間に食べてしまいました。

「もっと柿の白和えが食べたいわ」

その気持ちが抑えられなくなった私は、帰り道で柿を買い、家に着くと、すぐに白和えをどっさり作りました。

そしてこのとき、久しぶりに、料理をする喜びを感じられたのです。

気持ちに任せて自分で食べたいように作った白和えはやはり格別で、私はしみじみと「これからは、自分の口を喜ばせるために料理をしよう」と思いました。

食の大切さを考えるとき、私は今でも、あのときの柿の白和えの味を思い出します。

ふだんの食事は、手軽で栄養たっぷりなものを

料理が大好きな私ですが、ふだんの食事は、手軽に作れるものばかりです。

歳を重ねてきた今、手を抜けるところは抜きながら、栄養たっぷりでおいしく食べられるのがいちばんだと思っています。

朝食では、長年にわたり、毎朝ほとんど同じものを食べ続けてきました。

まず、紀ノ国屋で買うイギリスパンをトーストしたもの。おかずは、ほうれん

草を細かく刻んでバターで炒め、その上に半熟の目玉焼きかスクランブルエッグを乗せていました。ほうれん草と卵を一緒に食べるのが大好きなのです。これに、ヨーグルトと季節の果物を添えれば、朝食のできあがりです。

このメニューは、外交官の妻だった姑が好んだイギリス風の朝食がもとになっています。姑のために作るうちに、私もこうした朝食を好むようになり、習慣になりました。

もちろん、気分によっては朝食のメニューが変わることもあります。残り物のカレーを朝に食べるのもいいものですし、いただき物のおいしいタラコなどがあれば和食にしたりもします。

最近は、朝食のメニューも「より手軽で満足感のあるものを」と考えるようになり、いろいろと試しているところです。

これは、と思ったのは、「パンケーキ」です。

私は卵を1日1個は食べると決めており、定番の朝食メニューでは、必ず目玉焼きかスクランブルエッグを作ります。

ですが、最近は体を動かすのがちょっとしんどいときがあり、フライパンや鍋を片づけるのが億劫に感じることも増えてきました。

そんなある朝、パンを切らしていたので、姪が買い置きしておいてくれたパンケーキミックスでパンケーキを焼くことにしたのです。

パンケーキミックス1袋に、卵を2つ、牛乳100㎖を入れて焼くと、4枚のパンケーキができます。

そこで気づいたのは、パンケーキを2枚食べれば、卵を1つ食べられること。まとめてパンケーキを焼いて冷凍しておけば、体を動かすのが億劫なとき、手軽に朝食にできるのです。

これと似た発想で、最近凝っているのが、「チジミ」。

卵と牛乳と小麦粉を混ぜ合わせ、そこにニラやサクラエビなどいろいろな具を入れ、薄く焼くのです。

まとめて焼いて冷凍しておけば、朝食の準備はチジミを解凍して、あとはミルクティーや果物を添えれば十分です。さまざまな栄養がたっぷりとれますし、これなら後片づけだって、ほとんど手間がかかりません。

このように、作るときはもちろん、食べるときも後片づけもラクチンで、かつおいしく楽しいといった料理は、「よい手抜き」の例ではないかと思います。

バリエーションが無限の「牛乳がゆ」

もう一つ、最近よく作るのが「牛乳がゆ」です。

これは作り方をわざわざ書くほどでもないくらい簡単な料理で、牛乳に冷やご飯を入れ、そのほかは自由にいろいろな具材を放り込んで煮るだけです。

私がこれまでに作ったものでいうと、わかめとほうれん草を入れたものや、かぼちゃと玉ねぎを加えて塩こしょうをした洋風のもの、鶏ガラスープを加えた中華風のものなどがあります。

具材は本当に何でも構いませんし、味つけも気分によって変えられますから、バリエーションは無限。最後に卵を割り入れれば、バランスも満点です。

また、面白いことに、牛乳が苦手だという人でも、牛乳がゆは無理なく食べられるようです。簡単なうえに飽きも来ないので、多くの方にお勧めできると思います。

夕食は、自分がそのときに食べたいものを食べるようにしています。

これと決めたメニューはなく、魚や肉などの主菜に、生野菜や、さっと炒めた野菜、きんぴらごぼうのような常備菜といったものを副菜にした、ごくシンプルなものが多いように思います。

調理にはあまり手間をかけません。魚はおいしいサケの切り身などを冷凍しておいてそれを焼いたものとか、野菜なら朝食を用意するときについでに切っておいて、夕食のときに軽く炒めたものなど、誰でもできるようなものばかりです。

先日は山葵菜《わさびな》をいただいたので、それを夕食のときに一人で食べました。いただいたときから、

「おいしいだろうな」

とわくわくしていたのですが、これがさっとゆでて、かつお節をふり、ちょっとおしょうゆを垂らしただけで、立派なご馳走になるのです。

手間をかけなくても、面倒なことをしなくても、豊かな食生活は十分に送れる

ものだと思います。

作り置きで、上手に手を抜く

上手に料理の手を抜くのに、よく活用しているのが、作り置きです。

たとえば、私はお米をいつも多めに炊きます。それを1食分ずつ小分けにして冷凍しておけば、食べたいときに電子レンジで温めるだけで済みます。

さらに、刻んだ野菜と卵と一緒に炒めれば、おいしいチャーハンのできあがりです。

カレーやシチューも、大きな鍋にいっぱい作り、残った分は1食分ずつ冷凍。お店で買ってきた肉まんなどの点心類も、冷凍庫にストックしておけば、ちょっとお腹が空いたときにすぐ食べられます。

このほか、タレやドレッシングのようなものをまとめて作って、冷蔵庫に入れておくこともよくあります。

たとえば、合わせ酢。鍋にお酢とみりん、出汁を各1カップ入れ、さらに粗塩を小さじ2加え、ひと煮立ちさせるだけで完成です。

きゅうりと白菜を刻んだものを、これで和えれば、立派な一品になります。

合わせ酢に砂糖を入れれば、三杯酢にもなります。さっぱりとしたものがほしいときは、もずくやトコロテンなどに三杯酢をかけていただきます。

作り置きのタレは、市販のものよりも自分の好みの味にしやすいのがいいところでしょう。

「もう少し甘いほうがいいかしら」などとあれこれ考え、試しながら、自分の口にいちばん合うように作り方を調整していくのも、楽しいものです。

作り置きをしておくと、あまり時間をかけずに、食事を用意できるようになります。

「疲れてしまうと、なかなか台所に立つ気になれない」という方は、上手に手を抜き、負担を軽くしながら料理を楽しめる工夫をとり入れてみてはいかがでしょうか。

お惣菜や市販品もどんどんとり入れる

この歳になると、昔のように台所に立ち続けるのは難しくなります。

私の場合、夕食は姪が作ってくれる日もあり、今では自分で夕食を作るのは週のうち半分くらいでしょうか。

材料を買ってきて、下ごしらえをして、煮たり焼いたりと調理をするのは、なかなか体力がいるものです。

「でき合いのものを買ってきたほうが、早いしラクだし、いいのではないか」そんなふうに思うときもあるでしょう。

私は、それはそれでいいと思っています。

長年、自分の手で料理をしてきた人にとっては、でき合いのものは抵抗があるかもしれませんが、無理せず、そういったものを利用するほうがよいときもあるのです。

たとえば揚げ物は、衣や揚げ油の準備が面倒に感じるものですし、調理の後始末も手間がかかります。それで食べたいときに「作るのが面倒だから」とあきらめてしまうくらいなら、でき合いのものを買ってくるのもいいでしょう。


私も、お惣菜を買ってくることがあります。

最近はスーパーのお惣菜コーナーも大変充実していて、和洋中とさまざまなおかずがそろっています。品揃えもそのときどきで変わりますから、

「何かおいしそうなものはあるかしら」

と眺めているだけでも楽しいもの。

商店街にある、量り売りでお惣菜が買えるお店も重宝しています。少しの量でも買えるのは、一人暮らしの私にとってとても助かるのです。

私がよく買うのは、かぼちゃの煮つけやコロッケなど、自分で作るのに手がかかるものが多いように思います。

根菜類を食べたいときに筑前煮を買ってきて、手料理の夕食に一品だけ買ってきたものを追加する、といった活用のしかたもよくします。

でき合いのものも、自分なりに少し工夫すれば、より好みの味にしたり、栄養バランスを整えたりできます。

たとえば、お弁当を買ってきたらお味噌汁は自分で用意するとか、インスタントラーメンを食べるならほうれん草、ネギ、卵などのトッピングを加えるといった程度でいいのです。それだけで、食卓が充実し、栄養もとりやすくなります。

一人暮らしは、うっかりすると食べるものが偏って、不摂生になりがちでしょう。

また、体調を崩し、なかなか台所に立てない日もあります。そういったときは無理をせず、お惣菜をうまく活用したいものです。

もう一つ、上手な手抜き料理のために、目を向けたいものがあります。

それは、レトルトなどの調理済み食品や、いろいろな料理を簡単に作れるようにしてある調味料です。

私自身、歳を重ねるにしたがって指先にうまく力が入らなくなり、料理の下ごしらえなどが以前のようにはうまくいかないこともあります。

そんなとき、姪が買ってきてくれた、ちらし寿司の素や胡麻和えの素、鍋料理用のスープなどを使ってみると、なかなか便利なのです。

鍋料理用のスープは、たっぷりの野菜とお肉を入れてうどんにしたら、簡単においしい食事が用意できました。

胡麻和えの素も、余った野菜をさっと和えれば、一品完成です。

アルミ袋に入ったものは賞味期限も長いので、買い置きしておくと、疲れているときなどに、さっと食事を用意できて助かるでしょう。

こういった、昔は台所になかったものが店に並んでいるのを見ると、つくづくと便利な時代になったものだと思います。

道具をうまく使って調理の手間を省く

上手に手を抜いて料理をするには、道具の使い方にも目を向けたいものです。

たとえば、私は白和えの和え衣もよく作り置きをするのですが、そのときはミキサーを使っています。

ふつう白和えの和え衣を作るときは、豆腐をそのまま使います。でも、私は日もちさせて作り置き用にしたいので、豆腐は湯通ししてしまいます。

湯通しした豆腐は固くなりますが、それを白みそやゴマなどと一緒にミキサーにかけると、クリームのようになめらかな和え衣になるのです。

すり鉢で作る和え衣とは食感が違いますが、これはこれで、なかなかおいしいと思っています。

和え衣をまとめて作っておけば、私が大好きな柿の白和えを作るのも簡単。いい柿が手に入ったら、コンニャクと一緒に作り置きの和え衣と合わせるだけです。にんじんやいんげんなども、よく白和えにしますし、りんごなどの果物ともよく合うのです。

白和えを食べると、豆腐やゴマもとれますから、栄養もたっぷり。ミキサーを使えば、こんなにおいしくて便利なものがさっと作れるのですから、活用しない手はないと思います。

最近、なるほどと思ったのは、野菜の下ゆでに電子レンジを使う方法です。

私は今でも野菜の下ゆではお湯でやっていますが、先日、知人の娘さんが訪ねてきたときに、ちょうどいただき物の菜の花やブロッコリーがたくさんあったので、

「申し訳ないけれど、これを全部下ゆでするのが私にはちょっと大変だから、やってもらえるかしら？」

と頼んだところ、彼女は全部電子レンジで済ませていたのです。

私はそのとき、初めて電子レンジで下ゆでした野菜を口にしたのですが、きちんとうまく熱が通っていて、これなら十分と感じました。

今はまだ、昔からの習慣になっているので、野菜はお湯で下ゆでしています。でも、体がいうことをきかなくなれば、火を使うのが危なくなることも考えられるでしょう。そのときは、もっとうまく電子レンジを使いこなせばいいのではないかと思っています。

ときには「後片づけのない食事」を

食事を誰かに出してもらって、後片づけもしなくていいというのは、やっぱりラクチン。台所に立つのが面倒なときなどは、外食するのもいいものだと思っています。

一人暮らしになってから、「これは外食で」と決めたものもあります。

たとえばうなぎは、やはりうなぎやさんで食べるのが断然おいしいので、食べたくなったらお店に行くようにしています。

お寿司も、ちらし寿司なら家でおいしく作れますが、にぎり寿司を食べるなら当然、外食にします。

中華料理も、下ごしらえの素揚げなどで油をよく使いますし、なかなか手のかかるものが多いですから、専門店で食べるのが便利でおいしい方法だと思っています。

てんぷらや豚カツなども、揚げ油は後片づけも大変ですし、お店に行けばプロが揚げたてを出してくれるのですから、特に一人で食べるというのであれば、外食がいいでしょう。

もっとも、最近は体の調子によっては外に出るのを控えることもあるので、以前より外食する機会は減っています。

代わりに増えたのが、おいしいお寿司などを買ってくること。たとえば先日、オランダから友人が帰国して訪ねてきてくれたときは「八竹《はちく》」という押し寿司で有名なお店のちらし寿司を準備しました。

「私が大好きなお寿司なのよ」

と言って出すと、友人も、

「オランダではおいしいお寿司なんて食べられないから」

と、大変喜んでくれました。

こうして友人、知人とおいしいものを家で囲むのも、また楽しいもの。台所に立たずに済みますから、ゆっくり話もできますし、外食と違って遠慮なく大きな声で話に花を咲かせられるのもいいところです。

外食したり、ごちそうを買ってきたりしたときは、野菜が不足することもあります。

「栄養バランスが気になるから、外食はあまりしたくない」

という人もいるかもしれません。

でも、栄養が足りないと感じたら、あり合わせの野菜などで、ちょっとサラダを作って食べればいいのです。

あまり四角四面に考えず、ラクをすること、おいしく食べることを優先する日があってもいいでしょう。

地方のおいしいものをとり寄せる

私は、全国各地のおいしいものをとり寄せるのが大好きです。もともと私の周囲にはとり寄せの達人が多く、その影響を受けるうちに、私もどんどんとり寄せをするようになりました。

東京にいながらにして、まるで日本全国を食べ歩くかのようにおいしいものをいただけるのですから、本当によい時代になったものだと思います。

全国から、四季折々のおいしい食材などをとり寄せていると、季節の移り変わりを感じられて、気分も楽しくなります。

届いた食材を見て、

「これはどんな味がするのかしら」

「どうやって料理したらおいしいだろう」

などと考えるだけで、わくわくするのです。

頼んだときから、まるで自分あてのプレゼントのように届くのが楽しみになり、届けば見てわくわく、料理して楽しく、食べておいしいのですから、おとり寄せというのは本当に生活を鮮やかに彩ってくれるものだと感じています。


お菓子やお茶なども、とり寄せています。

最近では、名古屋の美濃忠《みのちゆう》さんから「上り羊羹《ようかん》」をとり寄せました。これは殿様のところへごあいさつに上がるときに持っていくためのものだったのだそうです。愛知県の常滑《とこなめ》ご出身だった、詩人の谷川俊太郎さんのお父様から教えていただき、以来、大好きになりました。

金沢からは、お茶の茎の部分を焙《ほう》じた「献上加賀棒茶《けんじようかがぼうちや》」をよくとり寄せています。これは香りが高くおいしいだけでなく、胃にもとても優しいので、何杯でもおいしくいただくことができるのです。

世の中には、心地よい音楽で気持ちが安らぐ人がいれば、本に囲まれて好きなだけ読めることを幸せに思う人もいます。私のような食いしん坊なら、おいしいもの、好きな食べ物に囲まれていれば幸せを感じられるでしょう。

このように、自分にとって日々に喜びをもたらしてくれるものが何なのかに気づき、それを見つけることができれば、いくつになっても毎日を楽しくすごせるのではないかと思います。

庭で育てた野菜のおいしさは格別

戦争中、食べ物に苦労した時代を経験したからでしょうか。私は、土があると、食べられるものを育てたくなります。

家の庭は6畳分ほどの広さしかありませんが、姑が亡くなった後、30年以上にわたって家庭菜園を続けています。

もっとも、今は自分で全部やるには体が大変なので、半分は甥《おい》に任せるようになりました。

まず、野菜の苗を甥の家のベランダで育ててもらいます。畑にじかに種をまくと、発芽したときに鳥がついばんだり猫がいたずらをしたりするので、ある程度の大きさになるまでは、ベランダで育てたほうが安全です。

苗が育ったら、私の家の庭に植えつけてもらうのです。

私は日々、畑に水をまいて世話をします。

ガーデニング用の手袋を持って家にやってくるのは、姪です。うちの庭で育った野菜を収穫し、友人におすそ分けしています。姪はふだんは都心のマンションに暮らしているので、家庭菜園での野菜の収穫やおすそ分けが、手近なレクリエーションになっているのでしょう。

こうして甥、姪と3人、それぞれ役割分担しながらのんびり楽しんでいます。

最近のわが家の家庭菜園には、春菊、小松菜、レタス、サラダ菜などがたくさん育っています。セロリなども育てますし、ミントは自然にいろいろなところに生えてきます。

また、私は根つきの野菜を買うと、とりあえず切り落とした根の部分を庭の隅に植える癖があります。育たなくても駄目でもともとと思っていますが、セリなどは根を植えておいたら、まるでセリ畑のように生い茂ってくれました。

甥は、自分がお酒が好きだからと、ホップなども植えてみているようです。

また、姪が「綿の花を見てみたい」と言うので、綿も育てています。そんなふうに遊び心を出してみるのも、面白いものだと思います。

このように、少々行儀の悪い家庭菜園ではありますが、やはり採れたての野菜などのおいしさは格別。

最近はエンドウ豆も育てており、今からどんなふうに育つかと収穫を楽しみにしています。

太陽の下に出しておくだけの「サン・ティー」

手抜きでおいしく作れるものといえば、最近、アメリカに住む親しい女性が教えてくれた「サン・ティー」があります。

これはいわゆる水出しの紅茶なのですが、太陽の下に出しておくのがいいのだそうです。彼女がアメリカから帰国して、うちに遊びに来てくれたとき、いただき物の紅茶がたくさんあるのを見て、「サン・ティーにしましょう」と作り方を教えてくれました。

ガラス瓶に水を入れ、水の量に対してやや多めに紅茶の茶葉を入れたら、ふたをして日当たりのよい庭に出しておきます。3時間ほど待ち、程よい色合いになったところで、茶葉を漉《こ》して冷蔵庫で冷やすだけです。

太陽の光にあてて作るので、季節は春から夏のものなのでしょう。

色も香りもよく出て、おいしくいただけます。汗ばむ季節には、うってつけの飲み物ではないかと思います。

第5章 人間関係はシンプルがいちばん

人間関係だって、手を抜いていい

「人づき合いも、手を抜いていい」

などと聞くと、びっくりする人が多いかもしれません。神経がこまやかな人ほど、人づき合いは手抜きせず、真摯《しんし》にすべきだと考えるものでしょう。

ですが一般に、人間関係というものが多くの悩みを生み出すのも、間違いないことです。くよくよと思い悩み続けるくらいなら、あまり真正直に向き合わないようにすることも必要ではないでしょうか。

私は昔から、自分が不愉快に思うようなことを言われたときは、あまり真剣にとらえないようにしてきました。

他人の言うことに振り回され、まるで自分自身を否定されたように感じることがあるとすれば、それはもったいないことだと思います。

ぐっと視点を引いてみれば、他人が何か嫌なことを言ったとしても、そのことに自分の一生を支配するような意味はないでしょう。

いちいち、

「ああ言われた、こう言われた」

と気にしたり引きずったりせず、

「相手は相手、自分は自分」

と考え、言われたことなど、さっぱりと忘れてしまうほうが、気持ちを穏やかにしていられるのではないでしょうか。

これは、

「何を言われても、だまって我慢したほうがいい」

という話ではありません。

私は、自分が人から何か言われて「嫌だな」と思ったら、相手に自分の考えをきちんと伝えます。我慢してため込むより、そのほうがすっきりするからです。

「そんなことをして人間関係が悪化しないのか」

と疑問を持つ人は多いと思いますが、嫌なことを言うような人とは、そもそも無理につき合おうとは思いません。ですから、私から離れていく人がいても気にしないのです。

こんな考え方を持っていれば、

「人間関係が悪化した」

などと悩むこともありません。

そもそも、人と意見が合わないことがあるのは当たり前のことです。どんなことにも、正反対の見方があるものだと言ってもいいでしょう。

私の義弟は、新聞記者でした。私は義弟に、

「新聞記者として、いちばん大切なことは何？」

と訊ねたことがあります。

すると、義弟は、

「それは、結論を出さないことだ」

と答えたのです。

どんなことも、こういう見方もあるし、ああいう見方もある、だけど中道はこうだ、というように書かないと、あの新聞は偏っていると言われてしまう。だから、結論を出さない書き方をするのが新聞記者というものなのだそうです。

私はこの話を聞いたとき、ああなるほど、生き方もそんなふうに考えればいい

な、と思いました。

「それでも、他人が自分とは違う考えや価値観を持っていることが気になる」

「おかしいと思うことを言われると、どうしたって気に障《さわ》る」

という人もいるでしょう。

そのようなときは、私は「お互いさまだ」と考えたらいいだろうと思います。

自分は正しい、おかしいのは相手だと思うのは、結局のところ、自分を中心としたものの考え方といえるでしょう。

お互いの間で違いが生じているのは、自分のほうが相手と異なっているからだというように考えを変えてみることも、ときには大切なのではないでしょうか。

人間関係が悪くなったと感じるとき、相手のせいにばかりするのではなく、「原因は自分にあるのかもしれない」

と考えてみると、またその人間関係が違ったものに見えてくるかもしれません。

人のよいところを見て、嫌な面は気にしない

私は人づき合いをするとき、亡き夫から言われた言葉を大切にしています。

それは、

「美しいものは決して見落とすな」

「他人のいいところだけ見ろ」

という言葉です。

夫は常々、

「駄目なものというのは、小さな子どもでもわかるもので、大人にはそれが見えて当たり前。大人でなければ見つけられないような、いいところを見ることが大事だ」

と言っていました。そして、こうも言いました。
「そのほうが、自分自身の心を養うことになるんだ」

私は、人のよいところ、優しいところ、美しいと思えるところは、それがどんなにささやかなものであっても、見逃さないようにしたいと思っています。

相手の駄目なところが目につくことも、もちろんあります。でも、そもそも世の中に完璧な人などいないのが当然で、誰しも駄目なところがあるのは当たり前なのです。

自分が誰かの悪い面を見たときも、いちいち気にせず、
「自分は同じようなことはやらないようにしよう」
と、反面教師にすればいいだけのことでしょう。

そもそも私自身だって、欠点だらけの人間です。周りの人に対して、つねに欠

点のない善人であってほしいと求めるのはおかしな話。そう思っていれば、自分が生きやすくなります。

誰にも、いいところがあれば悪いところもあるということは、言い換えれば、どんな人にも必ずよいところがある、ということでもあります。

そういう気持ちで人と向き合っていると、人生が楽しく、人間関係で悩むこともなくなっていくのです。

実のところ、人のいいところを見て、おつき合いをするというのは、自分が損をしないための方法でもあります。

いいところが一つもない人はいません。それなら、相手の「いいところ」とだけつき合っていれば、自分にとってはプラスになります。

他人のいいところに目を向けるようにしていれば、たくさんのいいところに気づくことができます。

もし他人の悪いところに注目すれば、悪いところばかり見えてくることでしょう。

一度、「どちらの姿勢が自分にとって得なのか」と考えてみれば、他人にカリカリすることも減っていくのではないかと思います。

人づき合いは「腹七分目」に

よりよい人づき合いをするための心がけとして、私は「腹七分目」にすることが大事だと思っています。

いろいろな人とおつき合いをしていると、ときには少し仲よくなったと思ったとたんに、個人的な事情にまで踏み込んでくるような人もいるものです。

「仲よくなった相手のことは、何でも知っておきたい」

といった様子を見せるのは、女性であることが多いように感じますが、このような人づき合いのしかたは、私にはちょっと窮屈に思われます。

よいつき合いを長く続けていくためには、お互いに相手の暮らしを尊重し、都合を思いやり、ほどよい距離を保つことが必要ではないでしょうか。

家庭内のことなど個人的な事情に踏み込むのは、きっと相手に対する親しみの気持ちの表れなのでしょう。

それでも、踏み込みすぎたり、べったりと頼り切りにしたりすれば、相手から嫌がられても不思議ではありません。

どんなに親しい相手であっても、いや、親しい相手だからこそ、心に踏み込みすぎてはいけないと思うのです。

健康的な食生活には腹八分目がいいと言われますが、人づき合いについては「これくらいかな」と思うところから、さらにもう少し控えめにしたほうがいいでしょう。自分にとって、「親しいのだから、これくらいは大丈夫」と感じることが、相手にとっては心理的な負担になることもあるのが、人間関係だからです。

私が「腹七分目」というのは、相手が不快に思う一線を越えないための心がけなのです。

境界線をうっかり踏み越えてから「悪気はなかった」と言っても、手遅れということもあります。

場合によっては、それまで良好だった人間関係が一瞬でこじれてしまい、修復できなくなることもあるでしょう。

自分が相手に親しみを持っているときほど、うっかり踏み込みすぎるものでもあります。境界線の見極めには、慎重であったほうがよいと思います。


人づき合いは、独りよがりにならないよう、まず自分の言動に対する相手の反応をきちんと見ることです。

そして、相手がどこまでなら踏み込まれても大丈夫なのかを考えてみることが必要だと思います。

自分が親切心で行うことが、相手から迷惑がられていると気づくこともあるでしょう。

そのときは「せっかく善《よ》かれと思ってやったのに」などと腹を立てず、相手の気持ちを尊重すること。「自分の価値観と相手の価値観は違うのだ」ということとを知り、その違いを素直に受け止められれば、大人同士のよいおつき合いができるのではないかと思います。

意見の違う相手も受け入れるが、同調はしない

私は、人の意見が自分と違っているのは当たり前だと思っています。

人は一人一人がそれぞれの価値観や考え方を持っており、お互いにそれを尊重し合ってこそ、よい人間関係が築けるもの。

「あなたの考えは間違っている」

などと議論や説得を試みても、自分のほうに相手を受け入れる気持ちがなければ、意義のある対話にはならないでしょう。

これは、相手と自分の立場を入れ替えてみる想像力があれば、すぐにわかることです。

異なる意見を強く押しつけられて、簡単に納得できる人は少ないのではないでしょうか。

気をつけなければならないのは、自分が相手を受け入れるつもりであっても、相手が自分のことを認めようとしない場合があることです。

強硬に自分の意見を押しつけてくる人の中には、こちらが何気なく発した言葉を都合よく解釈し、

「この人も自分と同じ意見なのだ」

と勘違いする人もいます。このような人に対しては、同意したと受けとられるおそれがあるものの言い方はしないよう気をつけなければなりません。

以前、ある人と話をしているときに、共通の知人について相手が批判的なことを言い始めたことがありました。

そこで私が話を聞きながらうっかり「そうね」と言ったところ、その人は「吉沢さんもそう思っているのだ」と思い込み、知人のことを批判するときに、「吉沢さんもそう思うと言っていた」と発言するようになってしまったのです。

これは私に言葉というものの難しさを改めて感じさせる出来事となり、以来、私は、相づち一つにも、より注意を払うようになりました。

確かに、「そうね」では同意しているように聞こえることもあります。

同意せず、相手の意見に耳を傾けていることを表すために相づちを打つなら、「あら、そうなのね」といった言い方をしたほうがいいでしょう。

何人か人が集まると、誰かの悪口やうわさ話が始まることもあるものです。

私はそのような場合は、できるだけその場を離れるようにしています。

「ちょっと失礼しますね」

と言えば、済む話です。

退席するのが難しい場合は、やはり「そうなんですか」と相づちを打つだけで、決して同意はしません。

こうした姿勢を明確にしているうちに、私の周りでは悪口やうわさ話は出にくくなりました。きっと、悪口を言う人というのは、みんなが一緒に盛り上がってくれないと、つまらないものなのでしょう。

そして、私を相手に悪口を言っても、盛り上がらないということがわかったのではないかと思います。

悪口やうわさ話をするとき、人の顔は歪《ゆが》みます。

心安らかに暮らしていくには、そういった人たちと距離を置くことも必要かもしれません。

義理のおつき合いはしない

それこそ思い切った「手抜き」だと思われるかもしれませんが、私は義理のおつき合いは、いっさいしないことにしています。

お中元やお歳暮は贈りませんし、年賀状を出すのも60歳のときにやめました。病気のお見舞いには行きませんし、80歳をすぎてからは夜間のお通夜なども失礼するようにしています。

お中元やお歳暮を贈らないのは、もともとは夫がそういうやりとりを好まなかったのが大きな理由で、当時の習慣が今でも続いています。

私自身、形式的な贈り物にはあまり意味を感じません。それよりも、日々の生活の中でおいしいものを食べたときなどに、

「あの人はきっとこの味が好きだろうな」

「ぜひ食べてもらいたい」
と誰かの顔が頭に浮かんだとき、その人に贈り物をするほうがいいように思い、実際にそうしてきました。

年賀状については、以前は年末の忙しいさなかに時間を見つけては、1枚ずつ手書きしていました。500枚ほども出していたでしょうか、それだけの枚数になれば、これはかなりの重労働です。

年賀状書きが深夜に及ぶことも多く、年末はいつもひどい寝不足になったものでした。

しかしだんだんと体力的に厳しいと感じるようになり、60歳になったとき、思い切って「年賀状を失礼させていただきます」とお断りしたのです。以来、一度も年賀状を出していません。
人間関係には何の問題も生じませんでしたし、年末に気力や体力を使い果たしてしまうこともなくなりましたから、きっぱりやめたのはよいことだったと思っています。

病気のお見舞いに行かないのは、やつれた姿を見せたくないという人もいることと、辛い思いをしているときに、お見舞いのお礼にまで気を遣うのは大変ではないかと思うことなどが理由です。
その代わりに、手紙を差し上げたり、親しい人であれば、意向を訊ねたうえで留守宅のお世話を手伝ったりといったことをするようにしています。

夜の外出を控えているのは、体が昔ほど機敏に動かなくなり、どうしても暗い道に不安を感じるからです。

無理に外出して、うっかり転倒したりすれば、大きなケガにつながることも考えられます。

自分はよくても、訪問先の主にかえって心配をかけることになりますし、家族に迷惑をかけることにもなるでしょう。

80代、90代ともなれば、おそらく周りの人たちも、

「無理をしないでくれていたほうが安心できる」

と感じるのではないかと思います。

私は、義理を果たすことより、自分の体の状態とよく相談して、周囲に心配や迷惑をかけないよう自重するほうを選びます。

盆暮れの贈り物や年賀状、冠婚葬祭といった義理のおつき合いは、丁寧に対応

するに越したことはないというのが一般的な考えではないかと思います。

真面目な人は、なかなかスパッとやめる勇気が持てないものでしょう。

ですが、歳をとって体の自由が利かなくなったり、体力が落ちたりしたとき、義理のために無理をする必要はないと思います。

「歳のせいかもしれませんが、疲れてしまって」

と言えば、人は理解を示してくれるもの。手を抜けるところは、どんどん抜いていっていいのだと、おおらかに考えるようにしたいものです。

近所のおつき合いを大切にする

生活していくうえで、ご近所とのおつき合いは大切にしたいと思っています。

以前、悪天候に見舞われたときは、いつも仲よくしている近所の工務店の大工さんが心配して訪ねてきてくれました。

建物や屋根に不具合がないか確認してもらい、大丈夫そうだと言われたときは、ほっとしたものです。

家の近くの豆腐屋さんは、お稲荷さんを作りたいからと油揚げを頼んだら、奥さんがちゃんと開いた油揚げを用意してくれました。

雨に濡れながらお菓子屋さんの前を歩いていたら、それに気づいたお店の方が傘を持ってきてくれたこともあります。

こうしたご近所づき合いの思い出は、数え上げればキリがないほどたくさんあります。

どれもこれも、本当にありがたいことです。

街の中では、昔ながらのお店が少しずつ姿を消し、大きなスーパーや家電量販店、チェーンの100円ショップなどが目立ちます。

そういったお店は、品揃えでも値段でも、古いお店に勝るでしょう。ですが、私は人と人とのおつき合いができるお店が好きです。

長年にわたる信頼関係があり、何かあれば、すぐに相談できるお店の存在は、一人暮らしの私にとってお金には代えられない価値があると感じています。

著者略歴

吉沢久子
よしざわひさこ

一九一八年、東京生まれ。
文化学院卒業。生活評論家。エッセイスト。
女性が働くことが珍しかった時代に十五歳から仕事を始め、
事務員、速記者、秘書などを経て、文芸評論家の古谷綱武氏と結婚。
生活評論家として執筆活動や講演、ラジオ、テレビなどで活躍。
姑、夫と死別したのち、六十六歳からの一人暮らしは三十年を超えた。著書多数。

幻冬舎新書 477

100歳まで生きる手抜き論
ようやくわかった長寿のコツ

二〇一七年十一月三十日 第一刷発行
二〇二二年 八 月二十五日 第二刷発行

著者 吉沢久子
発行人 見城 徹
編集人 志儀保博
発行所 株式会社 幻冬舎
〒一五一-〇〇五一 東京都渋谷区千駄ヶ谷四-九-七
電話 〇三-五四一一-六二一一(編集)
〇三-五四一一-六二二二(営業)
公式HP https://www.gentosha.co.jp/
ブックデザイン 鈴木成一デザイン室
印刷・製本所 株式会社 光邦

Printed in Japan ISBN978-4-344-98478-3 C0295
よ-5-1

*この本に関するご意見・ご感想は、左記アンケートフォームからお寄せください。
https://www.gentosha.co.jp/e/

幻冬舎新書

曽野綾子
人間にとって成熟とは何か

年を取る度に人生がおもしろくなる人と不平不満だけが募る人がいる。両者の違いは何か。「憎む相手からも人は学べる」「諦めることも一つの成熟」等々、後悔しない生き方のヒントが得られる一冊。

曽野綾子
人間の分際《ぶんざい》

ほとんどすべてのことに努力でなしうる限度があり、人間はその分際(身の程)を心得ない限り、到底幸福には暮らせない。作家として六十年以上、世の中をみつめてきた著者の知恵を凝縮した一冊。

曽野綾子
老いの僥倖《ぎょうこう》

年を取ることに喜びを感じる人は稀である。しかし「晩年にこそ、僥倖(思いがけない幸い)が詰まっている」と著者は言う。知らないともったいない、老年を充実させる秘訣が満載の一冊。

佐藤愛子
人間の煩悩

人はあらゆる煩悩にさいなまれるが、どうすればこれらの悩みから解放されうるのか？　波瀾万丈の日々を生きてきた著者が、九十二年の人生経験から、人間の本質を的確に突いた希望の書。

下重暁子
家族という病

家族がらみの事件やトラブルを挙げればキリがない。それなのになぜ、日本で「家族」は美化されるのか。家族の実態をえぐりつつ、「家族とは何か」を提起する一冊。

下重暁子
家族という病2

家族のしがらみや囚われの多い日本の実態を一刀両断しつつも、家族という病を克服し、より充実した人生を送るヒントを示唆。60万部突破のベストセラー『家族という病』、待望の第2弾。

副島隆彦
老人一年生
老いるとはどういうことか

老人は痛い。なのに同情すらされない。若い人ほどわかってくれない。これは残酷で大きな人間の真実だ。5つの老人病に次々襲われた著者の体験記。痛みと老化と医療の真実がわかる痛快エッセイ。

佐々木閑　大栗博司
真理の探究
仏教と宇宙物理学の対話

仏教と宇宙物理学。アプローチこそ違うが、真理を求めて両者が到達したのは、「人生に生きる意味はない」という結論だった！　当代一流の仏教学者と物理学者が縦横無尽に語り尽くす、この世界の真実。

幻冬舎新書

プラユキ・ナラテボー　魚川祐司

悟らなくたって、いいじゃないか

普通の人のための仏教・瞑想入門

出家したくない、欲望を捨てたくない、悟りも目指したくない「普通の人」は、人生の「苦」から逃れられないのか？　「普通の人」の生活にブッダの教えはどう役立つのか？　仏教の本質に迫るスリリングな対話。

中村圭志

教養としての仏教入門

身近な17キーワードから学ぶ

宗教を平易に説くことで定評のある著者が、日本人なら耳にしたことのあるキーワードを軸に仏教を分かりやすく解説。仏教の歴史、宗派の違い、一神教との比較など、基礎知識を網羅できる一冊。

瀧靖之

脳はあきらめない！

生涯健康脳で生きる　48の習慣

2025年、65歳以上の5人に1人が、認知症になる時代がやってくる。今ならまだ間に合う！　16万人の脳画像を見てきた脳医学者が教える、認知症にならない脳のつくり方。

杉崎泰一郎

沈黙すればするほど人は豊かになる

ラ・グランド・シャルトルーズ修道院の奇跡

机、寝台、祈禱台のほか、ほとんど何もない個室で、一日の大半を祈りに捧げる、孤独と沈黙と清貧の日々――九〇〇年前と変わらぬ厳しい修行生活を続ける伝説の修道院の歴史をたどり、豊かさの意味を問う。

幻冬舎新書

ネルケ無方

なぜ日本人はご先祖様に祈るのか
ドイツ人禅僧が見たフシギな死生観

日本人の死に対する考えは不思議だ。生と死を厳密に分けず、死者への依存度が高い一方で「死は穢れ」という。ドイツ人禅僧が、日本と欧米社会を比較しながら、その死生観と理想の死を考察。

中山祐次郎

幸せな死のために一刻も早くあなたにお伝えしたいこと
若き外科医が見つめた「いのち」の現場三百六十五日

死に直面して混乱し、後悔を残したまま最期を迎える人々。そんな患者さんを数多く看取ってきた若き外科医が、「少しでも満ち足りた気持ちで旅立ってほしい」という想いから、今をどう生きるかを問う。

稲垣栄洋

なぜ仏像はハスの花の上に座っているのか
仏教と植物の切っても切れない66の関係

不浄である泥の中から茎を伸ばし、清浄な花を咲かせるハスは、仏教が理想とするあり方。仏教ではさまざまな教義が植物に喩えて説かれる。仏教が理想とした植物の生きる知恵を楽しく解説。

森博嗣

孤独の価値

人はなぜ孤独を怖れるか。寂しいからだと言うが、結局つながりを求めすぎ「絆の肥満」ではないのか。本当に寂しさは悪か。――もう寂しくない。孤独を無上の発見と歓びに変える画期的人生論。